€ 6

Mainzer Rezepte für 5 Jahreszeiten

Dirk Maus

Mainzer Rezepte für 5 Jahreszeiten

Mit einem Vorwort von
Angelika Schulz-Parthu

LEINPFAD
VERLAG

Rezepte: Dirk Maus, Mainz
Umschlag: kosa-design, Ingelheim
Satz: Leinpfad-Verlag
Druck: Universitätsdruckerei, Mainz

Fotos:
S. 7: Sascha Kopp, Mainz
alle anderen Fotos: Wolfgang Fuhrmannek, Frankfurt

Leinpfad-Verlag, Leinpfad 5, 55218 Ingelheim,
Tel. 06132/8369, Fax: 896951
www.leinpfad-verlag.de

ISBN 3-9807711-7-2

Inhaltsverzeichnis

Alle Rezepte sind für vier Personen berechnet

„Das Fischpüree durch ein Sieb zu streichen, ist eine etwas unangenehme Arbeit; die Creme sieht jedoch dadurch besonders fein und glatt aus. Ganz ehrlich gesagt - es schmeckt genauso gut, wenn man darauf verzichtet."

Diese mitfühlende und ermutigende Fussnote von Dirk Maus steht gleich bei seinem ersten Rezept, der Vorspeise zum Frühlingsmenü: „Nocken von geräucherter Forelle an Friséesalat". So einen Vorschlag macht er zwar nur einmal, aber Leserinnen und Leser, die ihre eigenen Frustationsgrenzen beim Kochen gut einschätzen können, denken ihn beim Nachkochen der Rezepte einfach mit, geben hier ein bisschen ab oder zu, lassen hier etwas weg und ersetzen dort etwas. Denn es geht ja nicht darum, restaurantperfekte Menüs herzustellen, sondern es geht um den Spaß beim Kochen und beim Essen! Aber auch hier ist es wie im Leben: Den größten Spaß an den Rezepten werden diejenigen haben, die ohnehin gerne und aufwändig kochen, die gerne Neues ausprobieren, trickreich Zutaten beschaffen und bereit sind, eine Creme im heißen Wasserbad so lange aufzuschlagen, bis sie aufwallt.

Geordnet sind die Rezepte nach Jahreszeiten, wobei Dirk Maus für jede Saison ein Menü zusammengestellt hat. Die für Mainz nicht ganz unwichtige 5. Jahreszeit wurde dabei natürlich - mit einem Augenzwinkern - auch ernst genommen. Im Fastnachtsmenü schlägt er u. a. ein „Knallbonbon von Räucherlachs auf Gemüsekonfetti" oder einen „Kartoffelschwellkopp an Senfsauce" vor. - Wie lernt man es, sich so ungewöhnliche Rezepte auszudenken?

Ausgebildet wurde Dirk Maus im Steigenberger Hotel Kurhaus in Bad Kreuznach. Weitere Stationen waren das Restaurant Funk in Nürnberg, der Nassauer Hof in Wiesbaden, das Hotel Bachmair am See in Rottach-Egern und der Königshof in München. Die Fritz-Gabler-Hotelfachschule in Heidelberg schloss er mit 23 Jahren als staatlich geprüfter Gastronom und Küchenmeister ab und als jüngster Prüfling aller Zeiten!

Seit 1994 ist Dirk Maus „Executive Chef" im Hotel Hilton in Mainz und damit Chef von vier Küchenmeistern, einem Konditormeister und insgesamt 45 Köchen. Das Besondere an der Hilton-Küche ist ihre enorme Leistungsfähigkeit und Vielfalt. Sie beliefert Veranstaltungen nicht nur in der dem Hilton angeschlossenen Rheingoldhalle mit bis zu 3 500 Gästen, sondern auch außer Haus. Die größte je von Dirk Maus „bekochte" Veranstaltung war die Vorstellung des

Wenn Prominente kochen: Dirk Maus bindet dem rheinland-pfälzischen Ministerpräsidenten Kurt Beck die Schürze zu.

neuen Golf in vier Zeltstädten vor der Jahrhunderthalle in Hoechst, für die er und sein Team 15 000 Menüs zubereiteten. Daneben gibt es natürlich noch die beiden Hotel-Restaurants, die „Römische Weinstube", ein Lunch- und Dinner-Restaurant mit Büffetbetrieb und die „Brasserie", die zu den rheinhessischen Spitzenrestaurants gehört. Auf die „Brasserie" ist er auch besonders stolz: Sie wird inzwischen in allen deutschen Gourmetführern genannt.
Kein Wunder, dass Dirk Maus sich auch nationale und internationale Auszeichnungen erkochte. Die beiden für ihn wichtigsten Preise sind einmal sein Abschneiden als drittbester Koch Deutschlands beim „Bocuse d'Or 2000" in Stuttgart. Und beim „Flavours of Europe Cup 2000" in Belgien hat er zusammen mit der deutschen Mannschaft den 2. Platz belegt. Außerdem gewann er dort in der Kategorie Dessert den Kreativ-Preis. So viel Koch-Klasse zieht natürlich auch prominente Gäste an. Die ranghöchsten waren Bundespräsident Rau und Bundeskanzler Schröder am Tag der deutschen Einheit am 3. Oktober 2001.

Seine Küche beschreibt Dirk Maus als regionale Küche der gehobenen Klasse, die sowohl bodenständig als auch innovativ ist. Er verwendet hauptsächlich Produkte aus der Region, die frisch und auf kürzestem Wege ins Haus kommen. Bei den dafür notwendigen Fahrten über Land zu den jeweiligen Erzeugern kann es vorkommen, dass er zufällig von einem sanften, gar nicht bockigen Esel in Laubenheim erfährt. Und weil Dirk Maus auch ein pfiffiger Event-Manager ist, hat dieser Esel - wahrscheinlich der einzige Hilton-taugliche Esel in Rheinhessen - begleitet von dem Besitzer und dessen kleinem Sohn bei einer Weihnachtsfeier des MCV im Goldsaal des Hilton zusammen mit dem Nikolaus seinen großen Auftritt. In dieser leichthändigen Garnierung eines ohnehin schon schönen Abends liegt in meinen Augen eines der großen Talente von Dirk Maus: Zwar gilt seine ganze Aufmerksamkeit zu allererst dem guten Essen, aber sozusagen mit Links bietet er seinen Gästen außerdem noch schöne Bilder, unvergessliche Erlebnisse.

Sein zweites grosses Talent ist seine Fähigkeit, Menschen zusammenzubringen. Zum Beispiel wenn einmal jährlich „Prominente kochen". Das ist eine Wohltätigkeitsveranstaltung, die er mit dem Landtagsabgeordneten Klaus Hammer und dem Stadionsprecher von Mainz 05, Klaus Hafner, organisiert und deren Erlös an wechselnde Empfänger gespendet wird. Als im Jahr 2000 auch Kardinal Lehmann zu den kochenden Prominenten gehörte, ging die Spende natürlich an den Dombauverein.

Ähnlich habe ich Dirk Maus auch kennengelernt, nämlich 1999 bei der Buchvorstellung des Fotobandes von Klaus Benz „Impressionen aus dem Landkreis Mainz-Bingen". Er war zusammen mit seinen Kollegen vom Mainzer Culinarium, einem Zusammenschluss Mainzer Spitzenköche, auf einem Foto mit einer Gänseherde ihres Undenheimer Geflügelieferanten zu sehen. Für die Buchvorstellung hatte ich die Idee, diese Aufnahme als „lebendes Foto" nachzustellen, was mit der Hilfe von Dirk Maus tatsächlich gelang: Auf der Bühne waren Käfige voller Geflügel und fast alle Köche des Culinariums.

Wie schafft er dies alles? Manchmal 16-Stunden-Tage, manchmal 6-Tage-Wochen, immer unter Hochspannung? Ganz einfach: Indem er weit weg vom Schuss lebt, in sehr vertrauter Umgebung. Dirk Maus wohnt nämlich in Badenheim, seinem Geburtsort, einem kleinen Ort mit 540 Einwohnern, acht Kilometer östlich von Bad Kreuznach. Und wer jetzt die Namen Maus und Badenheim in Zusammenhang bringt, hat völlig Recht, denn Dirk Maus ist ein direkter Nachfahre des Badenheimer Heimatdichters Isaak Maus (1748 - 1833), der einer der Ersten war, der Natur und Landschaft seiner rheinhessischen Heimat mit neu erwachtem bürgerlichen Selbstbewusstsein pries.

Und genau genommen tut Dirk Maus auf seine Art nichts anderes als sein Vorfahre, nämlich seine rheinhessische Heimat zu würdigen, nicht mit Worten, aber mit seinen in Mainz entstandenen Menüs für 5 Jahreszeiten!

Angelika Schulz-Parthu

Dirk Maus dankt an dieser Stelle ganz besonders seinem Team im Hilton Mainz Karl Heinz Tilgen, Thomas Meinlschmidt, Michael Feiden und Olaf Neumann.

Zart in der Farbwirkung und zart im Geschmack: Die Nocken von geräucherter Forelle an Friséesalat sind eine Vorspeise, die man gut vorbereiten kann.

Nocken von geräucherter Forelle an Friséesalat

Forellennocken:

300 g geräucherte Forellenfilets mit Haut
250 ml Fischfond
2 Blatt Gelatine
250 ml Sahne
1 EL Zitronensaft
Salz, weißer Pfeffer aus der Mühle

Salat:

100 g Friséesalat
2 EL Rotweinessig
4 EL aromatisches Olivenöl
4 Kirschtomaten
Salz, weißer Pfeffer aus der Mühle

Die Forellenfilets enthäuten und - falls nötig - entgräten. Die Gelatine in kaltem Wasser einweichen. Die Forellenhaut in den Fischfond geben und etwa 15 Minuten bei schwacher Hitze ziehen lassen. Die Haut aus dem Fond fischen und die eingeweichte, gut ausgedrückte Gelatine darin auflösen. Das Fischfleisch im Mixer kurz pürieren, dann durch ein feines Sieb* streichen und erneut mit dem Fischfond aufmixen. In eine Schüssel geben und etwas abkühlen lassen. Die Sahne steif schlagen und unter die Fischcreme ziehen. Mit Salz, Pfeffer und Zitronensaft herzhaft abschmecken. Die Masse in eine höhere Form (ca. 6-8 cm) füllen und zugedeckt im Kühlschrank fest werden lassen.
Den Friséesalat sehr sorgfältig putzen und gründlich waschen. Essig, Salz und Pfeffer verrühren, bis sich das Salz völlig aufgelöst hat, dann unter ständigem Weiterrühren das Öl dazugießen. Den Salat sehr vorsichtig mit dem Dressing vermengen und auf vier Teller verteilen. Mit zwei nassen Esslöffeln eiförmige Nocken abstechen, auf dem Salat anrichten, und das Ganze mit geviertelten Minitomaten garnieren.

* Das ist eine etwas unangenehme Arbeit. Die Creme sieht jedoch dadurch besonders fein und glatt aus. Ganz ehrlich gesagt - es schmeckt genauso gut, wenn man darauf verzichtet!

Wunderbar aromatisch: Das Bärlauchsüppchen wird durch den würzigen Geschmack des wilden Spargels und des frittierten Selleriestrohs hervorragend ergänzt.

Aufgeschäumtes Bärlauchsüppchen mit wildem Spargel

Bärlauchsüppchen:

1 Handvoll frische Bärlauchblätter
800 ml Kalbsfond
200 ml Sahne
3 EL trockener Weißwein
1/2 TL Salz, weißer Pfeffer aus der Mühle
40 g Butterwürfel

Einlage:

8 kleine, wilde Spargelstangen
20 g Butter
Selleriestroh (das ist fein geraffelter Sellerie, der kurz frittiert wurde)

Den Bärlauch waschen, die Stiele abzupfen und nur die Blätter in kochendem Salzwasser kurz blanchieren. Trocken tupfen und im Mixer fein pürieren, wenn nötig, etwas Fond angießen. Das Bärlauchpüree mit dem Kalbsfond und dem Weißwein zum Kochen bringen und mit Salz und Pfeffer pikant würzen. Zum Schluss die kalten Butterwürfel einrühren und die Sahne zugießen.

Für die Einlage die geputzten Spargelstangen in einer Pfanne mit Butter braten.
Den Spargel in die Mitte des Suppentellers setzen und mit der Bärlauchcreme umgießen. Mit Selleriestroh garnieren.

Macht ein bisschen Mühe, bringt aber mit Lamm, Spanferkel, Lauch und dem Frischkäsekreppel wirklich das Beste aus Rheinhessen auf den Teller!

Das Beste vom rheinhessischem Bauernhof im Weinblatt

Weinblatt aus salziger Hippenmasse:

100 g Butter
100 g Mehl
2 Eiweiß
40 g Puderzucker
Brühe
Salz, weißer Pfeffer aus der Mühle

Aus der flüssigen Butter, dem geschlagenen Eiweiß, Puderzucker, Mehl, etwas Brühe, Salz und Pfeffer einen Teig rühren. Aus 1-2 mm starkem Karton mit einem scharfen Messer vier Schablonen in Form eines Weinblattes (Durchmesser ca. 15 cm) schneiden. Die Schablonen auf ein Blech mit Backpapier legen und mit einer Palette die Hippenmasse aufstreichen. Im Backofen bei ca. 190°, Gas Stufe 2-3, Umluft 170° backen. Die Teigplatten nach dem Backen mit einer Palette vom Blech heben, schnell nacheinander in eine passende Glasschüssel legen, so dass sich der Rand leicht hochwölbt. In etwa einer Minute ist das Weinblatt fest und kann herausgenommen werden.

Frischkäsekreppel:

250 g mehlig kochende Kartoffeln
60 g Kartoffelstärke
2 Eigelbe
60 g Frischkäse
Salz, weißer Pfeffer aus der Mühle
geriebene Muskatnuss

Die Kartoffeln schälen, in Salzwasser kochen und ausdampfen lassen. Die Kartoffeln durch eine Kartoffelpresse drücken und mit der Kartoffelstärke und dem Eigelb vermischen. Mit Salz und Muskat würzen. Alles rasch zu einem Teig kneten. Den Teig in 8 Teile portionieren. Die Kartoffelteigstücke zu Kugeln formen, diese flach drücken, mit dem Frischkäse füllen und zu Knödeln drehen. Die Frischkäsekreppel in kochendem Salzwasser ungefähr 8 Minuten garen.

Lauchgemüse:

1 Stange Lauch
100 ml Gemüsebrühe
100 ml Sahne
1 EL Butter
Salz, schwarzer Pfeffer aus der Mühle

Den Lauch putzen, waschen und in schräge Scheiben schneiden. Gemüsebrühe und Sahne mit etwas Butter aufsetzen, den Lauch zugeben und leicht einkochen. Mit Salz und Pfeffer abschmecken.

Lammkotelett und Spanferkelrücken:

4 Lammkoteletts
400 g Spanferkelrücken
Salz, weißer Pfeffer aus der Mühle
Öl
4 Thymianzweige
600 ml Lammfond, auf 200 ml eingekocht

Die Lammkoteletts mit Salz und Pfeffer würzen. In einer Pfanne mit Öl die Koteletts anbraten und die Thymianzweige zufügen. Das Fleisch dann im Backofen in ca. 5-6 Minuten bei 150°, Gas Stufe 2, Umluft 125° leicht rosa garen. Anschließend lässt man die Koteletts 3 Minuten bei Oberhitze im abgeschalteten Backofen ruhen. Bei der Zubereitung im Gasofen oder Umluftherd wird das Fleisch in einen Bratenschlauch eingepackt, damit es nicht austrocknet, und ebenfalls 3 Minuten bei 75° (Umluft) bzw. bei Gas Stufe 1 mit einem in die Tür gesteckten Kochlöffel ruhen gelassen.
Beim Spanferkelrücken die Schwarte mit einem scharfen Messer kreuzweise einritzen. Den Rücken mit Salz und Pfeffer würzen und kross auf der Schwarte anbraten. Im Ofen bei 180°, Gas Stufe 2-3, Umluft 175° in 10 Minuten auf den Punkt garen.
Für die Sauce den Lammfond auf die Hälfte reduzieren, neben dem Feuer mit der Butter montieren.

Anrichten:
Das Weinblatt aus der salzigen Hippenmasse in die Tellermitte setzen. Die Frischkäsekreppel und das Lauchgemüse in das Blatt füllen. Den auftranchierten Spanferkelrücken und das Lammkotelett in dem Weinblatt anrichten, mit der Lammsauce umgießen und mit einem Thymianzweig ausgarnieren.

Joghurtcreme mit Rhabarberkompott

Joghurtcreme:

250 ml Joghurt
75 g Zucker
1 Vanilleschote
Saft von 1/2 Zitrone
6 Blatt Gelatine
500 ml Sahne

Joghurt und Zucker verrühren. Mit dem ausgekratzten Vanillemark und dem Zitronensaft abschmecken. Blattgelatine in kaltem Wasser ca. 5 Minuten einweichen, ausdrücken und in etwas erwärmter Schlagsahne auflösen. Aufgelöste Gelatine sorgfältig in die Joghurtcreme einrühren. Die restliche Sahne steif schlagen und unter die Joghurtcreme heben. Joghurtcreme in Portionsförmchen geben und 2 Stunden kaltstellen.

Rhabarberkompott:

300 g Rhabarber
1/4 l Wasser
60 g Zucker
30 g Speisestärke
60 ml Wasser
frische Minzeblättchen

Rhabarber schälen, waschen, in 3 cm lange Stücke schneiden und zusammen mit dem Zucker in einen Topf mit 1/4 l Wasser geben und aufkochen. Er sollte noch bissfest sein. Rhabarber mit einer Schaumkelle herausheben und beiseite stellen. Speisestärke mit kaltem Wasser anrühren, in die kochende Flüssigkeit einrühren und kurz aufkochen. Etwas abkühlen lassen, danach den Rhabarber vorsichtig unterheben.
Zum Anrichten die Portionsförmchen kurz in heißes Wasser tauchen und die Joghurtcreme auf Teller stürzen. Das Rhabarberkompott um die Joghurtcreme anrichten. Mit frischer Minze garnieren.

Sieht umwerfend aus und schmeckt göttlich - die Krebs-Mousse mit einem Salat aus Spargel und Erdbeeren, bestreut mit blauen Kartoffelwürfeln.

Erdbeer- und Spargelpotpourri an Mainzer Krebs-Mousse mit blauen Kartoffeln

Krebs-Mousse:

200 g gekochtes, ausgelöstes Taschenkrebsfleisch
300 ml Fischvelouté (eventuell fertig gekaufte Fischsamtsoße)
400 ml geschlagene Sahne
8 Blatt Gelatine
Salz, Pfeffer aus der Mühle, Zitronensaft

Das gekochte und ausgelöste Krebsfleisch mit der Fischvelouté kurz mixen und durch ein Haarsieb streichen. Die Gelatine in kaltem Wasser einweichen, gut ausdrücken und kurz erwärmen. Die aufgelöste Gelatine unter die Krebscreme rühren und die geschlagene Sahne vorsichtig unterheben. Mit Salz, Pfeffer aus der Mühle und Zitronensaft abschmecken. Die Mousse in eine Terrinenform füllen und im Kühlschrank erkalten lassen.

Erdbeer- und Spargelpotpourri:

120 g Erdbeeren
100 g gekochter weißer Spargel
60 g gekochte blaue Kartoffeln (oder andere fest kochende Kartoffeln)
2 EL Weinessig
1 TL Moutarde de Meaux von Pommery (oder ein anderer grober Senf)
6 EL Öl
Salz, weißer Pfeffer aus der Mühle
frisch gehackte Kräuter (Dill, Schnittlauch, Basilikum)
einige Basilikumblättchen

In einer Schüssel den Essig mit Salz, Pfeffer und dem Senf verrühren. Das Öl nach und nach einlaufen lassen und mit dem Schneebesen unterrühren, bis sich die Zutaten zu einer Emulsion verbunden haben; die frisch gehackten Kräuter zugegeben. Die Erdbeeren und den weißen Spargel in gleichmäßige Würfel schneiden und mit der Vinaigrette in einer Schüssel vermengen. Die gekochten, blauen Kartoffeln pellen und ebenfalls in Würfel schneiden.
Den Erdbeer- und Spargelsalat auf einem Teller anrichten. Die Krebsmousse vorsichtig aus der Terrinenform stürzen, in Scheiben schneiden und neben den Salat legen. Die blauen Kartoffelwürfel dekorativ über den Teller streuen und das Ganze mit frischen Basilikumblättchen ausgarnieren.

Ein echter Hingucker: Das Soufflé aus Zander und Lachsforelle wird in einem kleinen Blumentopf gegart und mit Lauch und Weißweinsoße serviert.

RHEINFISCHSOUFFLÉ IM BLUMENTOPF AN JUNGEM LAUCH

300 g Zanderfilet
200 g Lachsforellenfilet
350 ml flüssige Sahne
4 neue kleine Blumentöpfe mit einem Volumen von ca. 0,2 l (oberer Durchmesser ca. 7 cm)
40 g Butter
8 Stangen Frühlingszwiebeln
Salz, Cayennepfeffer, Pfeffer aus der Mühle

Die Frühlingszwiebeln putzen und waschen. Von der Wurzel her 8-10 cm lange Stücke abschneiden und diese in kochendem Salzwasser blanchieren und in Eiswasser abschrecken.
Das Zanderfilet durch die feine Scheibe des Fleischwolfes drehen, anschließend mit Salz und Cayennepfeffer würzen. Das Ganze mit der Sahne in einer Moulinette vermixen bis eine feine, leicht glänzende Farce entsteht, die kalt gestellt wird.
Das Lachsforellenfilet in 1 cm große Würfel schneiden und unter die Farce heben. Die Blumentöpfe mit einem Teil der Butter ausbuttern, die Fischfarce einfüllen. - Keine Angst: Aus dem Loch im Blumentopfboden läuft nichts aus! - Im Backofen im Wasserbad bei 80°, Gas Stufe 1 (dabei die Backofentür mit einem Kochlöffelstiel offen halten), Umluft 60-70° 15 Minuten pochieren.
Die blanchierten Frühlingszwiebeln kurz in etwas nussbrauner Butter schwenken und mit Salz und Pfeffer würzen. Zum Servieren den Blumentopf auf einen Teller stellen und die Frühlingszwiebeln außen herum legen. Man kann dazu noch eine leichte Weißweinsauce aus Fischfond, Sahne, Butter, Salz und Zitronensaft servieren.

Kalbsrücken mit Pfifferlingen und Kartoffel-Zucchiniauflauf

Kalbsrücken mit Pfifferlingen:

4 Scheiben Kalbsrücken à 200 g
1 EL Öl
100 ml Kalbsfond oder Brühe
400 g Pfifferlinge
2 Schalotten
50 g Butter
1 EL gehackte glatte Petersilie
Salz, Pfeffer aus der Mühle

Kartoffel-Zucchiniauflauf:

500 g festkochende Kartoffeln
2 kleine Zucchini
1 Knoblauchzehe
30 g Butter
400 ml Sahne
Salz, Pfeffer aus der Mühle
frisch geriebene Muskatnuss

Kartoffeln und Zucchini waschen. Kartoffeln schälen und wie die Zucchini in dünne Scheiben schneiden. Eine längliche Auflaufform mit den Schnittflächen einer halbierten Knoblauchzehe ausreiben und anschließend mit Butter einfetten.
Die Kartoffel- und Zucchinischeiben schichtweise abwechselnd und leicht überlappend darin anordnen. Mit Salz, Pfeffer und Muskat würzen und die Sahne darüber gießen. Den Auflauf in den auf 150°, Gas Stufe 1, Umluft 140° vorgeheizten Backofen schieben und in etwa 60 Minuten goldbraun backen.
Währenddessen die Fleischscheiben mit Salz und Pfeffer würzen und im heißen Öl bei starker Hitze von beiden Seiten jeweils ca. 2 Minuten scharf anbraten. Herausnehmen und auf ein Sieb setzen, den Fleischsaft auffangen. Den Bratensatz mit Kalbsfond ablöschen und kurz aufkochen lassen, dann durch ein Sieb gießen.
Die Pilze putzen, größere Exemplare halbieren oder vierteln. Die geschälte Schalotte in kleine Würfel schneiden und in der Butter glasig dünsten. Die Pilze dazugeben und kurz darin anschwitzen, zum Schluss die gehackte Petersilie untermischen.
Nachdem der Auflauf fertig gegart ist, das Fleisch auf einem Rost in den heißen Backofen geben und in 4-6

Minuten fertig garen. Den abgetropften Fleischsaft mit der Sauce verrühren und noch einmal kurz durchkochen lassen. Die Kalbsrückensteaks mit den Pilzen belegen und mit Kartoffel-Zucchini-Auflauf und der Sauce anrichten.

Quarkcreme auf Erdbeerparfait mit Orangenschaum

Quarkcreme:

250 g Quark
1 Vanilleschote
75 g Zucker
1 Orange
5 Blatt Gelatine
500 ml Sahne

Quark mit dem Vanillemark, dem Zucker und dem Saft der Orange verrühren. Blattgelatine in kaltem Wasser 5 Minuten einweichen. Ausdrücken und in einem Topf auf dem Herd in etwas leicht erwärmter flüssiger Sahne auflösen. Zur Quarkcreme geben und verrühren. Die restliche Sahne steif schlagen, vorsichtig unter die Quarkcreme heben und kaltstellen.

Erdbeerparfait:

3 Eigelbe
1 Ei
100 g Zucker
3 Blatt Gelatine
300 g Erdbeeren, püriert
400 ml Sahne
einige ganze Erdbeeren

Eigelb, Ei und Zucker in einem Topf im heißen Wasserbad cremig rühren, bis die Masse lauwarm ist. Blattgelatine in kaltem Wasser 5 Minuten einweichen, ausdrücken und in der warmen Ei-Zucker-Masse auflösen. Den Topf mit der Masse aus dem Wasserbad nehmen und weiter rühren, bis sie abgekühlt ist. Erdbeerpüree dazugeben und vermischen. Sahne steif schlagen und vorsichtig unter die Erdbeermasse heben. In eine flache Form füllen und einfrieren.

Orangenschaum:

1/4 l Orangensaft
120 g Zucker
6 Eigelbe
Saft von einer Zitrone

Orangensaft, Zucker, Eigelbe und Zitronensaft in einem Topf im heißen Wasserbad aufschlagen. So lange kräftig weiter schlagen, bis die Masse einmal richtig aufwallt.

Anrichten:
Das Parfait in Quadrate schneiden und in die Tellermitte legen. Eine Kugel Quarkcreme mit dem Eisportionierer ausstechen und auf das Parfait legen. Orangenschaum mit einem Löffel außen herum verteilen und mit Erdbeeren garnieren.

Zanderfilet in einem Kranz aus Kürbis- und Lauchrhomben: Es wird mit einer Mischung aus Zander, Kürbis und Lauch gefüllt

Zander mit Kürbis-Lauchfüllung

400 g Zanderfilet mit geschuppter Haut
100 g Zanderabschnitte für die Farce
1 Stange Lauch
100 g Kürbisfleisch
20 g Butter
100 ml Schlagsahne
2 Zweige Thymian
1 Zitrone
20 ml Olivenöl
Salz, Cayennepfeffer

Zanderfilet in vier gleich große Teile portionieren; längs in die Zanderstücke Taschen einschneiden.
Den Lauch halbieren, gründlich waschen und in feine Streifen schneiden. In siedendem Salzwasser kurz abkochen und in Eiswasser abkühlen lassen.
100 g Kürbisfleisch ohne Rinde mit der Aufschnittmaschine in Scheiben und danach mit dem Küchenmesser in Würfel schneiden. In kochendem Salzwasser blanchieren und anschließend in Eiswasser abschrecken.
In einer Pfanne mit etwas Butter die Kürbiswürfel und Lauchstreifen anschwenken, würzen und anschließend kaltstellen.
Von den Fischabschnitten mit der Sahne in einer Moulinette eine Farce herstellen, mit Salz und Cayennepfeffer würzen. Die Lauchstreifen und die Kürbiswürfel unter die Farce heben. Diese Masse mit einem Spritzbeutel in die Zandertaschen füllen. Danach mit Salz und Zitrone würzen. Den Fisch in einer Pfanne mit Olivenöl anbraten und unter Zugabe von Thymianzweigen im Ofen bei 180°, Gas Stufe 2-3, Umluft 160° ca. 5 Minuten garen.

Für die Dekoration:
1 Stange Lauch, 300 g Kürbisfleisch, 20 g Butter
Die Lauchstange halbieren, waschen, in Streifen, dann in Rauten schneiden und in Salzwasser kurz blanchieren, abtropfen lassen. Das Kürbisfleisch mit der Aufschnittmaschine in Scheiben, dann in Streifen und Rauten schneiden, kurz in Salzwasser blanchieren, abtropfen lassen.
Beide Sorten Rauten in 20 g Butter glacieren.
Die gefüllten Zandertaschen mit Thymianzweigen, Lauch- und Kürbisrauten wie auf dem Foto links servieren.

Wildschwein im Frühlingsrollenteig mit glacierten Kirschen

4 Stücke Wildschweinrücken à 150 g
4 Blatt Frühlingsrollenteig
300 g frische Kirschen oder Schattenmorellen aus dem Glas
200 ml Kirschsaft
200 ml Sahne
200 g Hackfleisch vom Wildschwein
1 Ei, getrennt
1/2 Zimtstange
3 Nelken
2 Lorbeerblätter
4 Wacholderbeeren
Salz, Zucker, Pfeffer aus der Mühle
Kartoffelstärke
Öl

Die Wildschweinrückenstücke trocken tupfen, mit Salz und Pfeffer würzen und in einer heißen Pfanne mit etwas Öl von allen Seiten kurz anbraten. Aus der Pfanne nehmen und abkühlen lassen.
Aus dem Hackfleisch, der Sahne, einem Eiweiß, Salz und etwas Pfeffer in einer Moulinette eine Farce herstellen. Hierfür sollten alle Zutaten gut gekühlt verarbeitet werden bis eine homogene Masse entsteht, die kalt gestellt wird.
Den Kirschsaft in einen Topf geben; Zimtstange, Nelken, Lorbeerblätter, Wacholderbeeren und einen Esslöffel Zucker dazugeben, und alles zum Kochen bringen. Nun das Ganze auf die Hälfte einkochen lassen, leicht mit etwas in kaltem Wasser angerührter Kartoffelstärke binden und durch ein feines Sieb in einen anderen Topf gießen. In diesem Fond werden jetzt die zuvor entsteinten Kirschen glaciert.
Die angebratenen Wildschweinrückenstücke einzeln rundherum mit der Farce bestreichen und jeweils auf ein Blatt Frühlingsrollenteig legen. Die Teigränder mit Eigelb einpinseln und zu kleinen Päckchen zusammenfalten.
Diese Päckchen werden nun in einer heißen Pfanne von oben und unten angebraten und dann im vorgeheizten Ofen bei 200°, Gas Stufe 3, Umluft 175° etwa 7 bis 10 Minuten gegart.

GRIESSFLAMMERI MIT ZWETSCHGENKOMPOTT AN MANDEL-KROKANT

Grießflammeri:

1/4 l Milch
1 Vanilleschote
30 g Weizengrieß
5 Blatt Gelatine
3 Eigelbe
65 g Zucker
1/4 l Sahne

Milch mit dem Mark von einer Vanilleschote aufkochen und durch ein feines Sieb gießen. Zurück in den Topf schütten, Weizengrieß unter ständigem Rühren einrieseln lassen, aufkochen und bei geringer Hitze kochen, bis der Grieß weich ist. Blattgelatine in kaltem Wasser 5 Minuten einweichen. Die ausgedrückte Gelatine in dem heißen Grießbrei auflösen.
Eigelbe mit Zucker schaumig rühren und mit der heißen Grießmasse vermengen. Abkühlen lassen. Bevor der Grieß fest ist, die geschlagene Sahne vorsichtig unterheben. In eine Schüssel geben und kalt stellen.

Zwetschgenkompott:

300 g Zwetschgen
1 Zimtstange
1 Vanilleschote
400 ml Portwein
50 g Zucker
30 g Speisestärke
60 ml Wasser

Zwetschgen waschen, trocken tupfen und entkernen, dabei vierteln. Mit der Zimtstange und der Vanilleschote in einen Topf geben; mit Portwein und Zucker aufkochen. Zimtstange und Vanilleschote herausnehmen. Schote auskratzen und Mark zurück in den Topf geben. Speisestärke mit kaltem Wasser anrühren, in das Zwetschgenkompott geben und nochmals aufkochen.

Mandelkrokant:

75 g Puderzucker
10 g Butter
50 g gehobelte Mandeln

Puderzucker in einer Pfanne hell schmelzen lassen. Butter dazugeben und verrühren. Gehobelte Mandeln unter den heißen Zucker rühren und auf ein mit Backpapier ausgelegtes Blech schütten. Mit einem Stück Backpapier bedecken, und mit einem Nudelholz den Krokant ausrollen. Abkühlen lassen.

Anrichten:
Mit einem Eisportionierer 3 Kugeln aus dem Flammeri ausstechen und auf einen Teller legen. Zwetschgenkompott daneben geben. Krokant in Stücke brechen und außen herum legen.

Der „Eintopf von Krebsen aus hiesigen Gewässern" stapelt tief: Er wird nach allen Regeln der (Suppen-) Kunst hergestellt und hat mit Flusskrebsen, Riesengarnelen und zwei Sorten Muscheln eine Einlage vom Feinsten.

EINTOPF VON KREBSEN AUS HIESIGEN GEWÄSSERN

Suppe:

800 g Flusskrebskarkassen (in der Fischhandlung vorbestellen)
5 EL Olivenöl
2 EL Butter
1 kleine Zwiebel
2 Knoblauchzehen
1 kleine Möhre
1 Stängel Staudensellerie
1 EL Tomatenmark
100 g Dosentomaten
100 ml Weißwein
100 ml Noilly Prat
2 EL Weinbrand
1/2 l Fischfond
1 Estragonzweig
1 Stängel Petersilie
1/2 l Sahne
Salz, weißer Pfeffer aus der Mühle, Cayennepfeffer

Für die Suppe die sorgfältig gewaschenen und getrockneten Flusskrebskarkassen zerkleinern. Öl und Butter erhitzen und die Karkassenteile darin unter Rühren leicht Farbe annehmen lassen. Das Gemüse putzen, klein würfeln und 5 Minuten mitbraten. Das Tomatenmark zufügen und 2 bis 3 Minuten mitschwitzen. Die zerkleinerten Dosentomaten einrühren. Wein, Noilly Prat und Weinbrand zugießen und alles auf die Hälfte einkochen lassen. Den Fond zugießen und die Kräuter einlegen. Aufkochen und bei reduzierter Hitze in 30 Minuten auf 1/4 einkochen lassen. Die Sahne zufügen, 15 Minuten mitköcheln lassen. Die Suppe durch ein feines Sieb passieren, mit Salz, Pfeffer und Cayennepfeffer würzen.

Einlage:

250 g Venusmuscheln
250 g Miesmuscheln
4 Flusskrebse
4 Riesengarnelen
1 kleine Möhren
1 Petersilienwurzel
1 Stängel Staudensellerie
1/2 EL Estragonblättchen
Salz, weißer Pfeffer aus der Mühle

Venus- und Miesmuscheln unter fließendem kaltem Wasser gründlich säubern. Von den Miesmuscheln mit den Fingern die Bärte abziehen. Die Flusskrebse und Riesengarnelen sorgfältig waschen.
Die Möhre und die Petersilienwurzel schälen. Den Staudensellerie putzen. Möhre, Petersilienwurzel und Sellerie in 1 mm dünne Scheiben schneiden. Das Gemüse in die Suppe einlegen und 3 bis 4 Minuten darin köcheln lassen. Venus- und Miesmuscheln, Flusskrebse sowie Riesengarnelen zufügen und 6 bis 8 Minuten garen lassen, bis sich die Muscheln geöffnet haben. Die Estragonblätter unterrühren und den Eintopf mit Salz und Pfeffer würzen.

Leberwurstknödel auf Winzerkraut mit weissem Pfefferschaum

Leberwurstknödel:

250 g mehlig kochende Kartoffeln
60 g Kartoffelstärke
2 Eigelbe
15 g braune Butter
Salz, Pfeffer aus der Mühle, Muskat
100 g Hausmacher Leberwurst

Die Kartoffeln schälen, in gleich große Stücke zerteilen, in Salzwasser weich kochen und ausdampfen lassen. Die Kartoffeln durch eine Kartoffelpresse drücken und mit Kartoffelstärke, Eigelb und brauner Butter verrühren. Mit Salz und Muskat würzen. Alles rasch zu einem Teig kneten. Den Teig in 8 Teile portionieren. Die Leberwurst für die Füllung in 8 gleich große Stücke aufteilen und zu Kugeln rollen. Jedes Teigstück ebenfalls zu einer Kugel formen, flach drücken, mit den Wurstbällchen füllen und zu einem Knödel drehen.

Für das Winzerkraut:

500 g Sauerkraut
1 Zwiebel
80 ml Weißwein
1/4 l Wasser
80 g geräucherter Speck am Stück
2 EL Schweineschmalz
1 kleine Kartoffel
1 Lorbeerblatt
2 Wacholderbeeren
4 Pfefferkörner
Salz, Zucker

Für das Sauerkraut das Schmalz in einem Topf erhitzen und die in Scheiben geschnittene Zwiebel darin glasig dünsten, das Sauerkraut zufügen und ohne Bräunung anschmoren. Weißwein und etwa einen 1/4 Liter Wasser zugießen. Lorbeer, zerdrückte Wacholderbeeren, Pfefferkörner und Speck zum Kraut geben. Im geschlossenem Topf 35 bis 40 Minuten bei mittlerer Hitze kochen. Speck entfernen.
Eine geschälte, rohe Kartoffel in das Kraut reiben, durchrühren und einmal aufkochen, damit die Flüssigkeit gebunden wird. Das Sauerkraut mit Salz und einer Prise Zucker abschmecken und abkühlen lassen. Zum Servieren nochmals erhitzen.

Für den Pfefferschaum:

1 kleine Zwiebel
1/2 Stange Lauch
100 g Knollensellerie
30 g Butter
20 weiße Pfefferkörner
10 ml Weinbrand
100 ml Brühe
100 ml Sahne

Für die Pfeffersauce das Wurzelgemüse waschen, putzen und in ca. 1 cm große Würfel schneiden. Die Butter in einem Topf erhitzen und die Würfel darin farblos anschwitzen. Danach die Pfefferkörner geschrotet zugeben, leicht mitrösten lassen und mit Weinbrand ablöschen. Mit Brühe und Sahne aufgießen und 20 Minuten leicht köcheln lassen. Das Ganze durch ein Sieb passieren und mit einem Mixstab schaumig mixen.
Die Knödel in Salzwasser ungefähr 8 Minuten kochen, herausnehmen und auf dem aufgewärmten Sauerkraut anrichten. Mit der schaumigen Pfeffersauce überziehen.

Geschmorte Lammstelzen auf Wirsing mit Brezelknödeln

Geschmorte Lammstelzen:

4 Lammstelzen à etwa 300 - 350 g (beim Metzger vorbestellen)
1 EL Mehl
Salz, weißer Pfeffer aus der Mühle
1/2 l Lammfond, ersatzweise Brühe
1 Karotte
1 Stange Lauch
100 g Sellerieknolle
1 große Zwiebel
2 EL Öl
2 Thymianzweige
1 Lorbeerblatt
2-3 Knoblauchzehen
1 EL Tomatenmark
1/2 l Lammfond, ersatzweise Brühe
1 Bund frischer Majoran

Karotte, Lauch, Sellerie und Zwiebel putzen und klein schneiden. Lammstelzen salzen, pfeffern und mit Mehl bestäuben. In heißem Öl goldbraun anbraten. Vorbereitetes Gemüse, Thymian, Lorbeer und ungeschälten Knoblauch zufügen und kurz mitrösten. Die Stelzen im auf 200°, Gas Stufe 3, Umluft 180° vorgeheizten Backofen 20 Minuten braten und dabei einmal wenden.
Den Topf schräg stellen, das Fett abschöpfen und das Tomatenmark zugeben und kurz anschmoren. Die Hälfte vom Lammfond und Majoran zufügen und die Stelzen zugedeckt bei 160 Grad weitere 1 1/2 Stunden schmoren. Dabei hin und wieder mit Fond begießen.
Die Stelzen herausnehmen, den Schmorsud durch ein Sieb gießen. Mit Salz und Pfeffer nachwürzen.

Brezelknödel:

150 g frische Laugenbrezeln
100 ml Milch
3 Eier
1 kleines Bund Petersilie
1 kleine Zwiebel
50 g Butter
Salz, weißer Pfeffer aus der Mühle, Muskat

Die Brezeln in dünne Scheiben schneiden, in eine Schüssel geben und die Eier darüber schlagen. Aufgekochte, leicht

abgekühlte Milch zugeben. Gehackte Petersilie und Zwiebelwürfel in 20 g Butter andünsten und zur Milch-Brezel-Masse geben. Mit einem Kochlöffel vorsichtig umrühren und die Mischung mit Salz, Pfeffer und einer Prise Muskat abschmecken.
Ein großes Stück starke Alufolie mit weicher Butter bestreichen. Die Brezelmasse zu einer länglichen Rolle formen und in die Folie eindrehen. Die Enden fest zusammendrehen, damit die Rolle wasserdicht verschlossen ist.
Die Knödelrolle in einem Topf mit leicht siedendem Wasser etwa 30 Minuten garen.
Kurz abkühlen lassen und aus der Folie nehmen. Die Rolle in fingerdicke, schräge Scheiben schneiden und in der Pfanne in der restlichen heißen Butter von beiden Seiten goldgelb braten.

Wirsing:

1 Wirsingkohl, ca. 1 kg
40 g durchwachsener Speck
40 g Butter
50 ml Sahne
Salz, weißer Pfeffer aus der Mühle, Muskat

Wirsing putzen, waschen und in grobe Streifen oder Rauten schneiden. Den Speck in feine Würfel schneiden, in Wasser kurz aufkochen und dann in einem Sieb abtropfen lassen.
Den Wirsing in kochendes Salzwasser geben, einmal kurz durchkochen lassen, abseihen und in Eiswasser tauchen. Wirsing ausdrücken und mit Butter, Sahne und den Speckwürfeln in einem Topf kurz erwärmen und durchmischen. Mit Salz, Pfeffer und Muskat würzen.

Lammstelzen auf dem Wirsing mit den Brezelknödeln und dem Sud anrichten.

Der Apfel in seiner ganzen Vielfalt: Er steckt frittiert in den Apfelringen, als Calvados in dem Eis, püriert in der Mousse und pur in der Apfelblüte; dekoriert wurde das Ganze mit einem Schokoladenapfel.

Apfelmousse:

300 g Apfelmus
50 g Zucker
1 Prise Zimt
20 ml Calvados
4 Blatt Gelatine
300 ml Sahne

Apfelmus mit Zucker verrühren und mit Zimt und Calvados abschmecken. Blattgelatine in kaltem Wasser 5 Minuten einweichen, ausdrücken und in etwas Sahne bei geringer Hitze auflösen. Die aufgelöste Gelatine in das Apfelmus geben und gut verrühren. Die restliche Sahne steif schlagen, vorsichtig unter das Apfelmus heben und kalt stellen.

Gebackene Apfelringe:

3 Äpfel
100 g Mehl
100 ml Weißwein
2 Eier, getrennt
20 g Zucker
Zimtzucker

Äpfel schälen, Kerngehäuse ausstechen und in 12 Scheiben von 1 cm Dicke schneiden. Das Mehl mit dem Weißwein verrühren, die Eigelbe dazugeben. Eiweiß mit Zucker steif schlagen und unter den Teig heben. Apfelringe in den Teig tunken und in einer Fritteuse bei 180° ausbacken. In Zimtzucker wälzen.

Calvadosparfait:

1/2 l Apfelsaft
3 Eigelbe
75 g Zucker
3 Blatt Gelatine
100 ml Calvados
400 ml Sahne

Den Apfelsaft in einen Topf geben, aufkochen und bis auf ca. 100 ml einkochen lassen. Eigelbe mit Zucker in einem Topf im heißen Wasserbad schaumig rühren. Blattgelatine in kaltem Wasser einweichen, ausdrücken und in der warmen Zucker-Eier-Masse auflösen. Masse aus dem Wasserbad nehmen und kalt schlagen. Jetzt den Calvados und den eingekochten Apfelsaft dazugeben. Die Sahne steif schlagen und vorsichtig unter die Calvados-Masse heben. In eine flache Form geben und einfrieren.

Anrichten:

1 Apfel für die Dekoration

Aus dem Apfel dünne Spalten schneiden. Aus 5 Spalten eine Blüte auf jeden Teller legen. Mit dem Eisportionierer eine große Kugel aus der Mousse ausstechen und auf die Blüte aus Apfelspalten legen. Aus dem Parfait Würfel schneiden, zwei Würfel schräg neben die Mousse setzen und drei gebackene Apfelringe dazulegen.

Kartoffelschwellkopp an Senfsauce

Kartoffelschwellkopp:

150 g trockenes Sauerkraut
250 g abgetropfter Quark
100 g gekochte und durchgedrückte Kartoffeln
2 Eier, getrennt
150 g Semmelbrösel
50 g Speckwürfel, geröstet
20 g Sesam (zum Panieren)
Salz, weißer Pfeffer aus der Mühle, etwas Kümmel

Sauce:

250 ml Sauerrahm
50 ml flüssige Sahne
2 EL scharfer Senf
1 Bund Schnittlauch, in Röllchen
etwas Zitronensaft

Das Sauerkraut klein hacken. Quark, Kartoffeln und Sauerkraut gut vermischen, das Eigelb unterrühren und mit Salz, Pfeffer und Kümmel kräftig würzen. Semmelbrösel und geröstete, kleine Speckwürfe untermischen und zu einer formbaren Masse verkneten. Aus dieser Masse 4 gleich große Knödel formen, in kochendes, leicht gesalzenes Wasser einlegen und 6-8 Minuten sieden lassen. Herausnehmen und kurz abtropfen assen.
Die Knödel in Eiweiß werden, mit Sesam panieren und in der Fritteuse bei 180° ausbacken.
Sauerrahm mit Sahne und Senf verrühren, mit Salz, Pfeffer und Zitronensaft abschmecken. Zum Schluss den geschnittenen Schnittlauch unterrühren.
Den Kartoffelschwellkopp auf einem Saucenspiegel anrichten

Eine echte Gute-Laune-Vorspeise ist dieses Knallbonbon aus Frühlingsrollenteig, gefüllt mit Räucherlachs und überstreut mit Konfetti aus Zucchini, Möhren und Kohlrabi.

Knallbonbon vom Räucherlachs auf Gemüsekonfetti

200 g Räucherlachs
200 ml Sahne
4 Blatt Frühlingsrollenteig
1 Eigelb
100 g Forellenkaviar
120 ml Crème fraîche
1 Bund Schnittlauch
1 Sträußchen Kerbel
1 Zucchino
1 Karotte
1 Kohlrabi
Salz, weißer Pfeffer aus der Mühle, Muskatnuss

Aus dem Räucherlachs den Fettansatz entfernen, in der Küchenmaschine zusammen mit der Sahne mixen. Frühlingsrollenteig auslegen und mit Eigelb bestreichen. Mit einem Spritzbeutel die Lachsmasse auf den Frühlingsrollenteig geben und den Teig jeweils wie ein Bonbon zusammenfalten. Den Schnittlauch im kochenden Wasser kurz blanchieren.
Die Bonbons in der Fritteuse bei 180 ° ca. 2-3 Minuten ausbacken, auf Küchenkrepp abtropfen lassen, den Schnittlauch an den beiden Enden zur Schleife binden.
Zucchino, Karotte und Kohlrabi schälen, und mit einem kleinen Kugelausstecher zu Perlen ausstechen und in kochendem Salzwasser kurz blanchieren.
Crème fraîche in einer Schüssel anrühren, mit Salz, weißem Pfeffer, Muskatnuss würzen und die Gemüseperlen zugeben.

Auf dem Saucenspiegel das Knallbonbon anrichten und mit Kerbel und Forellenkaviar garnieren.

Das Lieblings-Foto von Dirk Maus zeigt in geradezu japanischer Strenge den Pumpernickelmantel um die raffinierte Füllung aus Kaninchen- und Kalbfleisch mit Karotten und Mangold.

Harlekin vom Kaninchen im Pumpernickelmantel

1 Kaninchenrücken mit Knochen
200 g mageres Kalbfleisch in Würfeln
150 ml Sahne
2 Mangoldblätter
2 Karotten
12 runde Scheiben Pumpernickel
1 EL Butter
Salz, weißer Pfeffer aus der Mühle, Muskat

Den Kaninchenrücken am besten gleich beim Metzger entbeinen und die Fleischstränge auslösen lassen. Die Bauchlappen zwischen zwei Bögen Klarsichtfolie legen und mit der glatten Seite des Fleischbeils flach klopfen.
Die gut gekühlten Kalbfleischwürfel in einem Mixer fein pürieren, mit Salz, Pfeffer und Muskat würzen und die eiskalte Sahne dazu gießen. Noch einmal kurz aufmixen und die Farce zugedeckt in den Kühlschrank stellen.
Die Mangoldblätter waschen, trocken tupfen und die dicke Mittelrippe herausschneiden. Die Karotten schälen und der Länge nach auf der Aufschnittmaschine in dünne Streifen schneiden. Mangold und Möhrenstreifen separat in kochendem Salzwasser ganz kurz abkochen. Anschließend in Eiswasser abschrecken und auf einem Tuch abtrocknen lassen.
Die zwei Bauchlappen auf gefettete Alufolie legen und jeweils mit etwas Farce bestreichen. Die Möhrenstreifen leicht überlappend drauflegen, erneut mit Farce bestreichen, mit den beiden Mangoldblättern bedecken und den gewürzten Kaninchenstrang darauf legen. Von der Breitseite her aufrollen und fest in Alufolie packen. Die Enden gut fest drehen und in leicht siedendem Wasser etwa 20-25 Minuten pochieren. In eisgekühltem Wasser abschrecken und 2-3 Stunden kaltstellen.

Aus den Pumpernickelscheiben mit einem runden Ausstecher ein Loch im Durchmesser der Kaninchenrolle ausstechen. Die gut ausgekühlte Roulade auspacken und in ca. 1 Zentimeter starke Scheiben aufschneiden. Diese Scheiben in die Pumpernickelscheiben einlegen, unter dem Grill kurz erhitzen und servieren.

Mini-Kreppel mit Schokoladenmousse und Weisswein-schaum

Mini-Kreppel:

500 g Mehl
30 g Hefe
50 ml Milch
80 g Butter
80 g Zucker
1 Ei
2 Eigelbe
75 ml Milch
1 Prise Salz
Zimt-Zucker

Mehl in eine Schüssel geben und in die Mitte eine Vertiefung drücken. Hefe hineinbröckeln und mit 50 ml lauwarmer Milch und etwas Mehl zu einem Vorteig verrühren. 10 Minuten zugedeckt an einem warmen Ort gehen lassen. Butter, Zucker, Ei, Eigelbe, die 75 ml lauwarme Milch und eine Prise Salz zum Vorteig geben und alles miteinander verkneten. Den Teig so lange schlagen bis er glänzt und Blasen wirft. Teig 20 Minuten gehen lassen, dann 3-4 cm dick ausrollen und mit einem Schnapsglas kleine Kreppel ausstechen. Diese nochmal an einem warmen Ort 20 Minuten gehen lassen und danach in der Friteuse bei 180° beidseitig backen. In Zimt-Zucker wälzen.

Schokoladenmousse:

1 Ei
1 Eigelb
50 g Zucker
1 Blatt Gelatine
200 g dunkle Kuvertüre
500 g Sahne

Ei, Eigelb und Zucker in einem Topf im Wasserbad warm schlagen. Blattgelatine in kaltem Wasser einweichen, ausdrücken, zur Zuckermasse dazugeben und weiter schlagen. Masse aus dem Wasserbad nehmen und kalt schlagen. Dunkle Kuvertüre schmelzen und unter die Zuckermasse rühren. Wenn die Schokoladenmasse zu gelieren beginnt, die steif geschlagene Sahne vorsichtig nach und nach unterheben. Die Schokoladenmousse kalt stellen.

Weißweinschaum:

1/8 l Weißwein
3 Eigelbe
50 g Zucker
frische Früchte

Den Weißwein, die Eigelbe und den Zucker in einem Topf im heißen Wasserbad warm rühren. Masse so lange kräftig aufschlagen, bis sie einmal richtig aufwallt.

Anrichten:
Pro Person 3 Mini-Kreppel aufschneiden, Mousse in einen Spritzbeutel mit Sterntülle füllen und auf jeden Kreppel eine Rosette Mousse spritzen. Deckel schräg auflegen. Mit Weißweinschaum und frischen Früchten garnieren.